社会保障と『資本論』

新しい理論構築のための 50問50答

京極髙宣 *Takanobu Kyogoku*

花伝社

はしがき

　読者の多くは、本書の表題『社会保障と「資本論」』に、違和感を覚えるだろう。というのも、両者には時代的にも内容的にも直接に何らつながりがないと思えるからである。時代的には、社会保障は20世紀福祉国家の社会救済制度（いわば金融資本主義期の産物）であり、『資本論』は19世紀の資本主義の経済原論（いわば産業資本主義期の産物）である。また内容的には、前者はあくまで国家を前提としたサブ社会システム、後者は資本主義の経済システムを論じたものである。さらに付け加えれば、私の青春時代には資本論研究に情熱を燃やしたことがあったものの、壮年時代から近年に至るまであえてマルクス経済学は放棄して社会福祉・社会保障研究を実証的に行ってきたので、その理論的距離もきわめて大きく、個人的にも深い断絶がある。

　しかし、本書をお読みいただければわかるように実際には深い関連がある。なぜなら、マルクスは社会保障制度の誕生以前の人間であり、たしかに社会保障制度そのものは論じていないが、その分析と方法は今日の社会保障の理論的理解に鋭い視座を与えているからである。また今日の社会保障研究においては理論の不在が叫ばれて久しいが、新古典派経済学や近代経済学とは違った視角から社会保障の

理論構築に寄与する示唆も少なからず与えてくれる。この点はこれまで、社会保障研究者にも、またマルクス経済学者にもほとんど指摘されたことはなかった。というのも、一方で社会保障学者は現行の社会保障制度の制度的解説に終始し、マルクス経済学はおろか経済学的展開を不問に付しており、他方でマルクス経済学者は資本主義経済の一般理論か応用論に関心があり、資本主義の変革にのみ目が向けられて、社会保障のような社会改良について探究を疎かにしてきたからである。

　本書は、繰り返すまでもなく、社会保障を、マルクス経済学、厳密には『資本論』の視座から考察したものである。

　周知のように、マルクスの時代には西欧資本主要国に社会政策、なかんずく社会保障が成立していなかったことから、『資本論』はいわゆるプラン問題にみるように国家の役割を考察対象とせず、いわば経済原論の範囲にとどまり、社会政策は課題の対象外としてきた。事実、私自身、社会福祉・社会保障を学問対象として以来、既にふれたように経済学、なかんずくマルクス経済学を意識的に排除して、もっぱら現実の対象をリアルにかつ禁欲的に分析してきたつもりである。

　したがって、本書の課題は潜在的に私の頭の中に存在していたにすぎないかもしれない。しかし振り返ってみれば、わが青春時代のマルクス研究（例えば拙著『わが青春のマルクス主義』花伝社、2019 年参照）は私の社会保障研究

の原点でもあったはずであり、まったく無関係のはずがないのである。当時のマルクスの分析と方法は形を変えて社会保障研究にも生かされるものであろう。

　本書では、第1部として『資本論』の視座を既存の正統派マルクス経済学的理解にとらわれずに、あらためて明らかにする。それをふまえて第2部として社会保障の体系等について私見を明らかにする。第1部では、マルクスの盟友であるエンゲルスのみならず、マルクス自身の欠陥を安易に指摘する見解がちまたにて流布していることに対する正確な『資本論』の理解を対置させている。また第2部では、拙二著すなわち『社会保障と日本経済』（慶應義塾大学出版会、2007年）及び『新しい社会保障の理論を求めて』（社会保険研究所、2008年）で展開された私のオリジナルな社会保障理論を分かりやすく解説している。

　以上は、わが国はもちろん諸外国でも試みられたことのない難解な課題であるといって過言ではない。そのためもあって、読者にとってわかりやすい形式として、あえて「ですます調」の一問一答形式の著述をとることにした。第1部では30問30答、第2部では20問20答と、合計で50問50答となっている。

　なお、私の最後の著作になるかもしれない拙い本書を、私が社会保障・人口問題研究所の所長を務めた当時（2005～2010年）のスタッフで、私の社会保障論の良きパートナーであり不慮の死をとげた車イスの碩学者、故・金子能

宏教授（元日本社会事業大学教授、享年64歳）の霊に謹んで貢げるものとする。

　なお、引用に際しては『マルクス・エンゲルス全集』（大月書店版）をME版として記載している。また〔　〕は引用者によるものとする。

2023年1月23日
著者　京極髙宣

社会保障と『資本論』
——新しい理論構築のための50問50答

目　次

第2部　社会保障の理論

第1部
『資本論』の視座

序

　この第1部では、マルクスの『資本論』の方法を中心に、社会保障研究への有力な視座を提示します。目次としては、第1章『資本論』の方法、第2章『資本論』の体系、第3章『資本論』の論点にまとめました。特に第3章の『資本論』の論点は学説的には数百に及んでいますが、あえて社会保障との関連にしぼり解説しています。もちろん、マルクスの時代は20世紀福祉国家の誕生以前で、社会保障制度は存在していなかったので、マルクスが社会保障に直接に言及したものは皆無です。しかし、今日の社会保障研究に示唆を与えるものは、新古典派的総合などの貢献と比べても遜色はありません。

　この第1部の私見には、従来の正統法マルクス経済学の見解とは異なるオリジナルなところも少なからず見受けられるでしょう。それは一方で、久留間鮫造編『マルクス経済学レキシコン（全10巻）』（大月書店）をふまえたところのわが青春のマルクス研究の成果であり、他方で、社会保障理論の貧困をなんとか脱出しようとする私の問題意識によるものです。

　なお本書では、近年におけるマルクス経済学の学術成果に関してはあえて触れず、参考文献に関する注は付けていないことをお断りしておきます。

第1章 『資本論』の方法

▶▶▶論点1

> マルクスは自らの経済学上の発見を二つあげています。一つはいわゆる「剰余価値」の発見ですが、もう一つは「労働の二重性」についてです。
>
> 他方で、エンゲルスはマルクスの全体的功績として唯物史観の確立と剰余価値の発見をあげていますが、これは経済学に限ったものではありません。
>
> なぜ、マルクス経済学に限ると、「労働の二重性」がそれほど重要なものとして位置づけられるのでしょうか。

解説1

労働の二重性については後で詳しくふれますが、これはたんなる労働の二面性（抽象的労働と具体的労働の両面）ではありません。労働の二面性に基づいて、一方で抽象的人間労働の面において価値を形成し、他方で具体的有用労働の面において使用価値を生産するということです。

マルクスはエンゲルスへの手紙（1867年8月24日）で、「僕の本の最良の点は次の2点で、(1)…略…すでに『経済学批判』の第1章で強調されたように、使用価値で表されるか、交換価値で表される、したがって労働の二重性、(2)剰余価値を利潤や利子やその他という特殊な諸形態と独立

し、取り扱っているということ」と述べています。なお剰余価値とは、ごく簡単にいえば労働が形成する付加価値（V ＋ M）から労働力の価値（賃金部分V）を引いたもので、利潤、利子、地代に分岐する源泉です。

いうまでもなく、労働はいかなる社会においても、生理的エネルギーの支出としての抽象的人間労働と様々な目標をもつ具体的有用労働との二側面をもっています。マルクスは「すべての労働は一面では生理学的意味での人間の労働力の支出であって、この同等な人間労働または抽象的人間労働という属性においてそれは商品価値を形成するものである。すべての労働は、他面では特殊な目的を規定された形態での人間労働力の支出であった。この具体的有用労働という属性においてそれは使用価値を生産するのである」（『資本論』第1巻第1篇第1章、ME版第23a巻63頁）と明確に述べています。商品生産社会における問題は前者の面で価値を形成し、後者の面で使用価値を生産すること、すなわち労働の二重性が現れます。この点について、マルクスは『資本論』第1章で次のように強調しています。「商品に含まれている労働の二面的な性格は、私がはじめて批判的に指摘したものである。この点は経済学の理解にとって決定的な跳躍点である」（『資本論』第1巻、ME版第23a巻56頁）。

ここでやや専門的議論となりますが、概念規定との関わりを示せば、価値（交換価値）は商品の形態規定（歴史的

経済関係を表すもの）で、使用価値は商品の質料規定（自然的素材を表すもの）となります。

　マルクスはこの関係の比喩として奴隷と黒人の関係をあげ、「黒人はあくまで黒人であって、ある社会関係の中で奴隷となる。奴隷制社会では黒人ははじめから奴隷として現れる」（服部文男訳『賃労働と資本』新日本出版社、1976年、51〜52頁）との旨を述べています。奴隷が形態規定で黒人が質料規定です。このように考えると労働の二重性は経済学的カテゴリーにおける形態規定と質料規定の区別の出発点となっており、その意味で最も基礎的な経済学的方法といえることがわかります。

　この労働の二重性を起点とする形態規定と質料規定の区別は、多くのマルクス経済学者が見落としているもので、マルクスは『資本論』の全巻を通してマルクス的経済学的方法として展開しています。ちなみに私の初期の論文、「社会資本概念の基礎的検討」（『経済』1973年11月号、拙著『わが青春のマルクス主義』第4章所収）も宮本憲一氏の社会資本概念における形態規定と質料規定の混乱を指摘しています。

念のためにもう一度伺いますが、「労働の二面性」と「労働の二重性」とは同じ意味内容なのでしょうか。もし違いがあるとすれば、どういう説明ができますか？

解説 2

　既にふれたように両者は関連があるものの、厳密には同じものではありません。労働の二面性は抽象的労働と具体的労働のことですが、労働の二重性とは、前者の面で価値を形成し、後者の面で使用価値を生産することです。一方、労働の二重性は単なる二面性ではなく、二面性が価値形成と使用価値生産になることです。『経済学批判』ではほぼ同じように扱われてみえますが、『資本論』の第 1 巻第 1 章ではよくみると慎重に区別されています。

　いかなる社会でも労働のもつ二面性（抽象的人間労働と具体的有用労働）が、商品生産社会では労働生産物が商品交換を通じて等置され、結果的に抽象的労働に還元されるので価値を形成するのです。したがって、労働の二重性はたんなる労働の二面性ではなく、あくまで価値形成と使用価値生産との二重性を意味します。

> 「労働の二面性」と「労働の二重性」の同一説では、ど
> んな経済学的誤りに陥るのでしょうか。

解説3

　二つの誤った解釈が生まれます。一方は、例えば見田石
介説（『資本論の方法』弘文堂、1963 年参照）のように、
抽象的人間労働を超歴史的カテゴリーとみるだけで、それ
が価値形成労働になることを安易に理解し、労働の二重性
を労働の二面性と同一視して、結果的に労働の二重性の歴
史性格を軽視し、その方法論的意義を認めない見解です。

　もう一方が、正統派マルクス経済学派のような、抽象的
人間労働そのものを、はじめから価値形成労働とみて歴史
的カテゴリーと捉え、労働の二面性が労働の二重性となる
ことを見落とす古典的な見解です。

　いずれにしてもマルクスの意図するところとは異なった
ドグマ的解釈となります。確かに労働の二面性そのものは
見田説のように超歴史的なものですが、その両面が価値形
成と使用価値生産となることこそが本来の労働の二重性で
あり、それは商品生産社会に特有であり、歴史的なもので
す。その場合の歴史的性格は資本主義経済そのものではな
く、商品生産を有する社会に共通な歴史性です。

▶▶▶**論点4**

> 「労働の二重性」については、『経済学批判』第1章第1節と『資本論』第1巻第1篇第1章第2節がやや異なる表現となっていますが、内容的に同じものですか。

解説4

　内容はまったく同じものです。たしかに『資本論』第1巻第1篇第1章第2節の記述は、『経済学批判』第1章第1節の当該部分をより論理的かつ精密に表現しています。しかし、内容的には本質的な相違はありません。

　ここで私なりにあえて分かりやすく表現するために、抽象的人間労働の規定を二つのレベルに分りてみることにしましょう。『資本論』第1巻第1篇第1章第2節で示されている労働の二面性レベルの抽象的人間労働を第一次規定とすれば、同説の労働の二重性での価値形成労働レベルは第二次規定となります。そして、この抽象的労働が商品に対象化して価値（物）になることで、いわば第三次規定へと、より丁寧に論理を進めているのです。この点は、マルクスが表現上、かなり苦労したところでした。

▶▶▶**論点 5**

> 「労働の二重性」は、マルクスにとっての経済学の方法
> といえますが、方法とは通常、形式論理、分析・総合、演繹・
> 帰納法、統計手法などを指し、必ずしも経済学に特有なも
> のでありません。
> これはどんな意味の「方法」なのでしょうか。

解説 5

マルクスにとって経済学の方法とは、形式論理や演繹・
帰納法、統計手法などの単なる方法（methods）と区別さ
れる、学問的方法（methodology）を意味します。

経済学のメソドロジーとしての労働の二重性は、例えば
国民所得論の関係では、具体的有用労働として生産手段
（c）の価値移転を行い、抽象的人間労働として付加価値
（v + m）を形成し、結果的に国民総生産 Σ（C + V + M）
となることが知られています。今日的な表現では、国民総
生産が Σ（c + v + m）で、国民所得は Σ（v + m）です。

ただし、抽象的なものから具体的なものに進む上向法、
例えば商品や貨幣から資本に、また資本の諸規定へ進む方
法は、経済学の方法として知られ、しばしば誤解を生んで
いますが、マルクス経済学に特有なものではありません。
これは、古典派経済学がかつてたどった経済学の伝統的方
法です。例えばアダム・スミスも、商品生産の分業や商品

などから始めて、租税や貿易論などに歩んでいます。マルクスもあくまでそれを踏襲しています。

　もちろん『資本論』でも狭義の方法（methods）は多分野で駆使されていますが、それと経済学の学問的方法（methodology）とは区別されなければなりません。

▶▶▶ **論点 6**

> 　見田石介の名著『資本論の方法』（弘文堂、1963 年）では、「労働の二面性」が分かりやすく解説され、資本論の方法としては形式論法、分析・総合、演繹法・帰納法などの方法に関するうんちくが披露されていますが、どう評価されますか。

解説 6

　見田石介説は、抽象的人間労働そのものを歴史的カテゴリーとする正統派マルクス経済学の教条的捉え方を批判することで、マルクスの資本論解釈を深めました。これが偉大な功績であることは否定できません。

　一方、見田氏は戦前のディルタイ『青年時代のヘーゲル』（三笠書房、1938 年）の翻訳の頃から反ヘーゲル主義に立っており、一面でヘーゲルの思弁的弁証法を否定しつつも分析方法の正統性を主張してきたのですが、そのヘーゲルの方法論の弁証法的理解は必ずしも十分でありませんでした。もちろん、資本論においても形式論理学的方法が駆使されていることの指摘は前に述べたように正しいものです。しかし、そこには『資本論の方法』と同様にヘーゲルの学問方法論（methodology）と一般の方法（methods）との混同がありました。氏のいう方法はどちらかといえば、メソッズ（methods of Das Kapital）であり、必ずしもメ

ソドロジー（methodology of Das Kapital）ではありません。したがって、マルクスが労働の二重性をメソドロジーとして起点とし、形態規定と賃料規定のより学問的区別を行ったうえで、資本論（全巻）を通してその方法論を一貫して展開していることに必ずしも気がついていないように見えます。

　ちなみに見田氏は経済的形態規定に関してはほとんど具体的論究はしていません。近年のマルクスやエンゲルスに対する安易な批判にも同様のことがいえるでしょう。

　マルクスは、「経済学批判序説」で経済学の方法として、いわゆる上向法について述べていますが、それと『資本論』の方法とはどういった関係にありますか。

解説 7

　マルクスは経済学の方法について、分析では現実的な全体からより単純な概念へと進み、そこから叙述方法では"あともどりの旅"がはじまるとして、次のように述べています。

　「表象された具体的なものから、ますますより希薄な抽象的なものにすすみ、ついには最も単純な諸規定にまで到達するであろう。そこからふたたび人口まで到達するのであろう。…略…労働、分業、欲求、交換価値のような単純なものから上向していって、国家、諸国民の交換、そして世界市場までいたった。このあとの方が明らかに科学的に正しい方法である」（ME 版第 13 巻 627 頁）

　「序説」を注意深く読めば分かるように、また既にみたように、上向法はマルクス経済学固有の方法ではなく、かつて古典派経済学がたどりついた方法です。既に述べたように、マルクスはそれを当然踏襲しています。

　上向法は研究（手順）──研究論理の方法（いわゆる下向法）──とは区別された叙述（論理体系）の方法でもあ

ります。マルクスは叙述の仕方（方法）は研究の仕方（方法）と異なると述べています。「研究は、素材を細部にわたってわがものとし、素材のいろいろな発展形態を分析し、これらの発展形態の内的な紐帯を探り出さなければならない。この仕事をすっかりすませてから、はじめて現実の運動をそれに応じて叙述することができるのである」（ME版第23a巻23頁）。これも方法の一つに数えることができます。したがって、この叙述法も労働の二重性のようなマルクス独自の学問的方法でなく、一般的な方法です。

　方法という言葉は、ややもすると多義的に使われますが、今日の私どもにとって(1)すべての学問に使われて形式論理などの方法（メソッズ）、(2)叙述の方法、(3)古典派経済学の方法（上向法）、(4)マルクス固有の学問的方法（メソドロジー）の四者の区別は、最小限必要だと思います。久留間鮫造編『マルクス経済学レキシコン』（大月書店）の第2巻と第3巻を参照してください。

▶▶▶**論点 8**

> マルクスに限らず、学問的方法（メソドロジー）とは何
> ですか。メソドロジーの本質についてヘーゲル哲学との関
> 連で説明してください。

解説 8

　いうまでもなくマルクスの方法は唯物論的立場からヘー
ゲルの観念論的弁証法をひっくり返した唯物弁証法です。
ヘーゲルは方法（メソドロジー）を単なる手法（メソッ
ズ）と区別して「対象の魂」と呼び、対象の内的構造に基
づくものとしています。例えば商品経済の分析方法は商品
に表示される労働の二重性を方法としています。それを出
発点として、マルクスは抽象的な概念から、より具体的概
念へと分析総合を重ねていく上向法に基づき、資本主義経
済の内的構想を漸次、方法論的に解明していきます。

　ちなみに私は社会福祉学の学問的方法をその内的構造に
基づいて「政策―経営―臨床の３相構造」とする学問的方
法をとってきました。拙著『現代福祉学の再構築』（ミネ
ルヴァ書房、2020 年）第Ⅲ部を参照してください。

第2章 『資本論』の体系

▶▶▶論点9

> マルクスは本格的な経済学研究の成果を『経済学批判』
> (1859年) からスタートさせましたが、後の主著『資本論』
> 第1巻 (1867年) でもサブタイトルに「経済学批判」を使
> 用しています。そもそも、この「批判」とはどのような意
> 味ですか。また『経済学批判』の体系の中で『資本論』は
> どのような位置にありますか。

解説9

「批判」(Kritik) は哲学的には根本的検討を意味する言
葉で、単なる批難 (あるいは論難) ではありません。ちな
みにドイツ古典哲学でも、カントの3大批判——『純粋理
性批判』(1781年)、『実践理性批判』(1788年)、『判断力
批判』(1790年) ——が有名ですが、これも根本的には純
粋理性、実践理性、判断力に対する学問的根本的検討を意
味しています。ちなみに、マルクスはエンゲルスと共に
『ドイツ・イデオロギー』(1845〜1846年) を著述しまし
たが、そこではヘーゲル左派のイデオロギストを完膚無き
までに批判しています。ただし、実際に出版されず、批判
にさらされたままでした。

マルクスの経済理論も同様で、「経済学批判」の意味は、

商品、貨幣、資本などの経済学カテゴリーの根本的検討を意味しており、単なる古典派経済学に対する理論的イデオロギー的批判や資本主義経済に対する批判にとどまりません。これは、『資本論』全巻で展開されており、マルクス経済学は経済学的カテゴリー批判体系という形での古典派経済学批判になっています。そこで『資本論』のサブタイトルに「経済学批判」を残したと思われます。

> マルクスの主著はなぜ『資本論』となったのでしょうか。
> 当時のイギリスでは、経済学（political economie）の理論は、
> 『経済学原理』（J. スチュアート、1776 年）などと呼ばれて
> いました。
> マルクスは生産の 3 要素（土地、労働、資本）のうち、
> なぜ「資本」に注目するのですか。

解説 10

マルクスは当時から経済学批判体系ともいえる経済学プランをもっていました。

その概略が、「経済学批判序説」（ME 版第 13 巻「序説」）でいうように「(1)資本、(2)土地所有、(3)賃労働、(4)国家（の総括）、(5)国際貿易、(6)世界市場と恐慌」というものでした。また「資本」は「(a)資本一般、(b)競争、(c)信用、(d)株式資本」（「マルクスからエンゲルスへの手紙（1858 年 4 月 2 日）」ME 版第 29 巻 246 頁）から構成される予定でした。したがって、『資本論』の対象はあくまで(1)資本、(a)資本一般にありました。資本主義経済の解培はやはり資本概念の根本的検討から始めなければなりません。

その後、『資本論』執筆過程で、多少の変更もありましたが、現行『資本論』が先のプランの「資本」（それも「資本一般」）を中心としたものとして考察され、大幅変更

はありませんでした（例えば「競争」については、久留間鮫造編『マルクス経済学レキシコン〈第1〉競争』大月書店、1968年を参照のこと）。結果、現行の『資本論』（全3巻）のように、⑴資本の直接的生産過程、⑵資本の流通過程、⑶資本の総過程として完成しました。

　したがって現行資本論の範囲を超える課題、例えば恐慌論に関しては将来課題として残されたままになっています。『資本論』と社会保障との関係を考える場合は、『資本論』（全3巻）の範囲にとらわれず、少なくともこうしたプランを念頭におき、「国家（の総括）」を起点に国家財政などを念頭に置いて検討する必要があります。というのは、社会保障は財政的には国家の社会政策と一環である限り、「国家（の総括）」に含まれるからです。

▶▶▶**論点 11**

　社会保障は 20 世紀福祉国家によって成立したものとい
えますが、それは現行『資本論』の範囲を大幅に超えており、
少なくとも国家財政にかかわる課題は経済学プランの「国
家（の総括)」を抜きに語れません。この「国家（の総括)」
について説明して下さい。

解説 11

　国家は国の内外（国内及び国外）において、権力により
国民経済の内外を総括します。国家財政はその要石です。
例えば国防や貿易政策は対外的なものですが、対内的には、
社会保障も社会政策の一環として「国家（の総括)」に含
まれます。もちろん、社会保障は必ずしも財政ですべて補
塡するものでないとしても、社会保険という強制的な仕組
みも含めて国内的対応としての「国家（の総括)」の一環
に含まれます。社会保障は特に福祉国家の総括に含まれる
べきものです。

マルクスの時代には、社会保障は未だ誕生していません
でしたが、『資本論』の範囲をこえる論述の中で、社会保
障の必要性を語っているところはあるでしょうか。

解説 12

　マルクスはいわゆる『ゴータ綱領批判』（1875 年）で
ラッサールの過激思想、すなわち労働の全収益をすべての
労働者が分配すべしとする見解に反対し、将来の社会主義
社会においても、収益はすべて分配してはならないと反対
しています。すなわち第 1 に生産の拡張や消耗補填などの
ために、第 2 に災害や天災などにそなえて、予備原本また
は保険原本を制度として残しておく必要性を強調していま
す。さらに第 3 として、個人消費として「学校や保護施設
などのように、いろいろな欲望を協働でみたすのにあてら
れるもの」や「労働不能者などのための元本」、つまり今
日の貧民救済にあたる福祉施設の元本を残しておくべきだ
とも述べています（ME 版第 19 巻「ゴータ綱領批判」）。

　この第 2 の部分に公共事業費や国防治安費などが含まれ、
第 3 の部分が、まさに社会保障の必要性を指摘した箇所な
のです。当時はまだこの必要性に基づく社会保障の本格的
な誕生が実現していなかったので、マルクスによる社会保
障論は存在しませんでしたが、その後多少の紆余曲折が

あっても、社会保障の実際は 19 世紀の社会国家（さらに 20 世紀福祉国家）の誕生で社会問題を対象とする政策手段、すなわち社会政策（ゾチアル・ポリティーク）の給付行政（社会保障）としてますます拡張したのはいうまでもありません。したがって、私どもはマルクスの指摘を踏まえつつも、現実の社会保障体系を表象して、改めて分析しなければなりません。

▶▶▶論点 13

> 　社会保障の体系は、『資本論』の体系とは必ずしも対応していません。それにもかかわらず、社会保障論の背景に『資本論』の隠れた影響を認めることができるのでしょうか。

　解説 13

　マルクスの『資本論』は、資本主義の経済学的カテゴリーの根本的検討を通じて、資本主義の経済の構造と傾向法則を発見し、一言でいえば資本主義経済の解剖を行っています。したがって、社会保障の経済学を論じたものでは決してありません。

　ただし、資本主義経済が生み出す貧困現象をリアルに明らかにすることで、その対応の必要性を示唆しています。例えば後に詳述する相対的過剰人口に関しても、資本主義経済が止揚されれば消滅とすると考えるにとどまるのが従来の正統派マルクス経済学に比較的に多いスタンスでした。しかし、もし「相対的過剰人口」がそれなりに残ったとすれば、後述するように、その内的構造に対して適切な対応（すなわち社会保障施策）が講じられる必要性が浮かび上がります。その意味で、『資本論』の当該箇所の指摘は社会保障論にとって有益な示唆を与えるものといえます。

▶▶▶論点 14

> 社会保障との問題で、これまで注目されてきた点は、『資本論』第 1 巻第 7 篇第 23 章の窮乏化法則（ME 版第 23b 巻 840 頁）です。それにより資本主義経済で労働者階級の窮乏化が必然化するとみるのがマルクスの見解だとされました。しかし、福祉国家の出現と社会保障の誕生で、労働者階級の窮乏化はかなり抑制されてきたことも事実です。この事情をどう理解したらよいのでしょうか。

解説 14

　マルクスは、資本主義の発展にとって余分な過剰労働人口を、マルサスのように自然法則的（あるいは絶対的）人口は過剰ではないとみて、「相対的過剰人口」と呼んで資本主義的貧困の必然性を説いています。

　その過剰人口の形態（社会階層）には大きく 4 階層、すなわち(1)流動的（景気循環による失業）、(2)潜在的（農村のダブツキ人員など）、(3)停滞的（いわゆる不安定就労者）、(4)恤救貧民、があるとしています。私は分かり易く簡略化して次図のような過剰人口モデルを表しています。もちろん、マルクスの時代と今日の独占資本主義（金融資本主義）の時代では「相対的過剰人口」の態様は異なりますが、あえて標準的モデルとしています。

　結論的にいえば、この相対的過剰人口に対する生活保障が社会保障の大宗となっています。この点は少なくないマ

ルクス経済学者が意外にも見落としているところです。資本主義が止揚されれば、相対的過剰人口が自然となくなると安直に考えている人が多かったようです。相対的過剰人口に対応する国家政策が社会政策（なかんずく社会保障）といって過言ではないのです。それにより労働者階級の窮乏化は大幅に抑制され、労働者階級の窮乏化による革命論（窮乏化革命論）は時代遅れのものとなりました。また、資本主義を擁護する立場からも、自由経済を守るには社会保障の備えが必要だという考えが一般的になりました。

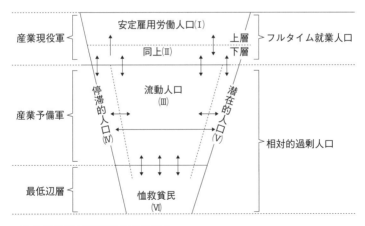

マルクスの相対的過剰人口モデル

注１：マルクス『資本論』第１篇 23 章より私見に基づき筆者作成。
注２：矢印は人口の階層間移動を示す。
出典：『長寿社会の戦略』第一法規出版、1987 年、18 頁。

　マルクスのいう「相対性過剰人口」と社会保障との具体的対応関係について、どのように考えたらよいのでしょうか。

解説 15

　社会保障の対象と分野は、「相対的過剰人口」ときわめてよく対応しています。

　私の理解によると、例えば、前ページの図のうち（Ⅳ）の恤救貧民の階層区分には(a)労働能力が在るもの、(b)孤児や貧児、(c)労働能力の喪失にかわるものの3形態あり、今日ではまさにすべて公的扶助（生活保護）の対象となる人々です。ただし、不具廃失者（the disabled）の範囲は時代により変化しており、必ずしも労働能力不在とはいえません。また、所得保障のみならず、障害者の教育権や労働権の保障が重要となっています。また、底辺にはルンペン・プロレタリアートという不良、乞食など浮浪的な極貧もあります。なお、公衆衛生や社会政策の誕生により、社会保障以外の対応も可能になりました。

　（Ⅱ）および（Ⅲ）は失業保険（雇用保険）の対象ですが、（Ⅳ）および（Ⅴ）は様々な社会手当や公的扶助の対象となっています。また、労働人口には医療保険が広く対応しています。今日の日本では健康保険（医療保険）は現

役労働者（Ⅰ）（Ⅱ）はもちろん（Ⅲ）〜（Ⅳ）も対象となり、基本的には国民皆保険となっています。こうして相対的過剰人口の形成と社会保障の対応（分野）は密接に関係しています。

　したがって、マルクスの時代には予想もつかなかった社会保障の巨大な発展のおかげで、相対的過剰人口はほとんどすべて各種の社会保障給付の対象となり、貧困の抑制や軽減に大いに寄与しています。また国民の消費需要の拡大による過剰生産を抑制ないし軽減することにもなってるので、景気の底上げなどにも貢献しています。しかし既にふれたように、これまでのマルクス経済学者は一般に、資本主義社会内部での社会改革をかなり軽視し、資本主義を乗り越える社会主義革命の必要性を訴えるスローガン（窮乏化革命論）に終始することが多かったようです。

> 　社会保障の誕生で、失業者の減少、低賃金の固定化、公
> 衆衛生の悪化などをある程度防ぐことができましたが、個
> 別資本の循環範式はどう変わりましたか。

解説16

　資本主義経済では通常、労働力は労働力商品として資本
家に販売されて$A-G$として転換され、その結果、賃金は
$G-W$として生活資料に転換され、日常的生活過程で労働
力が再生産（$W…A$）されます（$A-G-W…A$）。

　ところが、何らかの事情で失業したり、労災で働けなく
なり、あるいは老齢によりリタイアするなどで、$A-G$
が実現できなくなると、その後の$G-W$も続行できなく
なります。しかし、社会保障は国家による社会保障元本か
ら失業給付や老齢年金などが支給されると、$A-G$（厳密
には$A=G$）が実現し、その後の$G-W$（厳密には$G=$
W）も可能となり、結果的に労働力の再生産（$W…A$）が
可能となります。ただし、その場合の労働力Aは、あく
まで潜在的なもので、実際に（$A…P…W-G-A$）とし
て生産活動に参加するわけではありません。例えば退役老
齢者のAは必ずしも労働力でなく、生活力にとどまりま
す。いずれにせよ、今日の社会保障は消費需要を拡大し、
貧困現象を抑制する大きな経済効果をもちます。

第3章 『資本論』の論点——社会保障論との関わり

▶▶▶ 論点 17

> 　国家からの国民の生活支援に対する財政支出——社会給付（公的扶助等）——は、経済市場の外で行われる国家の重要な役割ですが、これをマルクスはどう捉えていますか。

解説 17

　資本論の範囲外ですが、マルクスは経済市場の外側で行われる国家の経済的総括という役割を当然のこととして重視しています。それは大きく(1)国防治安対策、(2)公共土木事業 、(3) 救済救貧事業 、(4)教育文化事業に分かれます。このうち、(3)は経済市場による労働力の販売（A − G）でなくて、 A ＝ G は売買の形成ととらず国家による直接的給付、すなわち社会給付や公的扶助です。それを私はここで A ＝ G と表しています。当初、マルクスはその階層的視点から国民の生活支援（G）を資本家階級の責任で支払うべきと考えていたようです。この貧民の社会給付について、マルクスはネガティブに次のように述べています。

　「この貧民は資本主義的生産の空費に値するが、しかし資本はこの空費の大部分を自分の方から労働者階級や貧民階級の肩に転嫁することを心得ているのである」（ME 版

第 23b 巻 839 頁）。

　しかし、今日の社会保障ではマルクスが想定したように税負担は剰余価値の単なる配分では必ずしもなく、税制による高所得者の低所得者への所得再分配に加えて、資本家層の負担のみを追求することは正しくありません。今日の社会保障では、国民連帯の精神で国民がそれなりに負担し、維持していくことが必要となっています。したがって社会保険の誕生においては、それに加えて労働者階級や勤労階級の税負担プラス社会保障負担（社会保険料）の必要性をポジティブに考えるべきです。国家財政からの直接的支出だけでなく、社会保障への社会負担を強制させるのも福祉国家の役割といえます。

　社会保障の直接的目標、特に社会福祉の役割は国民のいわゆる福祉ニーズの充足ですが、マルクスは福祉ニーズ充足についてはどのように考えていますか？

解説 18

　商品経済では市場において需要と供給の関係から、まず需要（有効需要、effective demand）の充足が図られます。そこで所得所得能力のない社会ニーズの充足は必ずしも目標とはなりません。しかし、マルクスもそうした需要の背後に潜在的ニーズの存在を認めています。それを充足することが恤救規制などの役割と見ていたようです。

　ちなみにマルクスは『資本論』第３巻で次のように述べています。

　「需要の側にある大きさの一定の社会的欲望〔social needs〕があって、それを満たすために、ある物品の一定量〔供給〕が市場にあるということが必要である。しかし、この欲望の量的な規定はまったく弾力性のある変動しやすいものである。この欲望の固定性は外観である。もし生活手段が安くなるか、貨幣賃金がより高くなるかすれば、労働者たちにより多くの生活手段を買うだろう。そして、これらの商品種類に対するより大きい社会的欲望〔social needs〕が現れるであろう。といっても、その需要

〔demand〕がまたその身体的欲望〔physical wants〕の最低限度よりも下にある受救貧民〔恤救貧民〕などのことはまったく別としてのことである」（ME 版第 25a 巻 237 頁。英語はエンゲルスが監訳した資本論英訳）。

　マルクスは、商品経済での労働者の消費需要の弾力性にふれた際にその商品需要の背後に恤救貧民の社会ニーズ（social needs）の潜在的存在を認め、それは貨幣に裏づけされた需要（effective demand　有効需要）を加えると、よりも大きなものであること、いいかえれば社会ニーズの中で市場では充足されない潜在的なものが相当あることを暗示しています。この社会ニーズの充足こそが、今日の社会福祉の目的なのです。

▶▶▶**論点 19**

> 　市場経済の外側で行われる社会保障は、国家からの給付（いわば贈与）であり、国民（消費者）の対価なしの社会給付になります。しかし、いわゆる費用徴収は社会給付の対価ではないでしょうか。

解説 19

　そうではありません。社会給付は国家責任による全額負担を原則とします。この社会給付は現金給付であれ、現物給付であれ、結果的には、国家が利用者に代わってそれを買い取り、給付として支給する（いわば贈与となる）ことになります。したがって費用徴収は社会サービスの対価ではありません。費用徴収（charging）は費用の一部を負担することでフリーライダー（只乗）の防止などのために課せられるだけです。したがって、言葉を変えると、利用者負担（user charge）が正確な表現です。それは、応能負担（ないし応益負担）の原則によるいわば課徴金になります。

▶▶▶**論点 20**

　マルクスの『資本論』によれば、労賃は労働力商品の価値（労働力の価値）をベースに決定されるわけですが、今日の医療・介護・福祉など社会サービスは従来の労働力の価値にプラスの付加を与えているのではないでしょうか。

解説 20

　マルクスの時代には家庭内で解決できていたサービスが大部分で、それは労働力の再生産費には付加されません。今日ではそうした付加価値が家庭外から平均的に付け加わっており、単純な衣食住の経費だけでは収まらない状況にあります。特に、医療・介護・福祉などといった社会サービスの付加が必要となっており、労働力の価値はその分増加しています。その負担が労働者自身によるものであれ、国家によるものであれ、価値を形成して消化され、結果的に労働力価値の増加になることは変わりありません。労働力の価値も時代に応じて構成と分量が異なり、近年に至るまでやや増加する傾向がうかがわれます。その点でもマルクスの経済学プランの「賃労働」の未完成が、残念ながら障壁になっています。

▶▶▶論点 21

社会サービスも含めて、サービス労働は価値を生産するとはいえないというのが通説です。先の論点と若干矛盾しますが、医療・介護・福祉サービスが労働力の再生産費を引き上げるにもかかわらず価値を生まないのなら、空虚な費用として再生産費を引き上げることにならないのでないでしょうか。

解説 21

　もちろん、医療・介護・福祉などの社会サービスが専門家による対人サービスとしてではなく、家庭内で対応される場合には、労働力の価値形成にかかわりをもちません。マルクスの時代の対人サービスは主として召使いなどの家事労働を意味していましたが、今日では医療・介護・福祉などが商品ないし社会給付として提供されています。その場合には、社会サービス労働は価値を形成するので、その部分の価値が労働力の再生産費に加算されるのが当然です。

　ただ、対人的なサービス労働は、そもそも価値形成しない商業労働や金融労働などと異なり、運輸労働の「場所移動」を行うことと同様に、使用価値を創造するため価値を形成します。また、サービス労働の特色として「生産即消費」という性格から、財貨商品（goods）のように価値物を形成せず、生産と同時にサービス利用者の生活過程にすぐ吸収されてしまうのです。いずれにせよ社会サービスの

労働力の再生産費に加算され、労働力の価値を引き上げる
ことになります。

▶▶▶論点 22

社会サービスもサービス労働に属しますが、いわゆる
サービス労働の特性はどのようなものですか。あらためて
聞きますが、商業労働や金融業の業務との価値形成の違い
はどのようなものですか。

解説 22

既にふれたようにサービス労働はいわゆる生産即消費と
いう形で、サービスの生産過程がサービスの消費過程と重
なりあっていることが特徴です。したがって、サービス労
働も抽象的人間労働の面で価値を形成しますが、一般の商
品（goods 財貨）のような価値物とはならず、また価値物
として対象化されません。医療・介護・福祉などの社会
サービスも当然にサービス労働の一部として位置づけられ
ますので、同様に価値を形成します。

通説では、物質的部門でのみ価値が形成され、非物質的
部門では価値形成されず、価値移転されるのみとしていま
すが、間違いです。物質的部門という表現をマルクスは必
ずしも使っていません。たしかに物にならないサービス労
働部門は非物質的部門だといえますが、価値は形成します。
ただし、今日ではマルクスの時代と異なり、家事労働（非
価値形成）を中心とした社会サービスは、サービス労働の
範囲を大きく超えて福祉サービスとして一大産業部門と

なっています。第3次産業の主要部門として国民経済の大きな比重を占め、その付加価値により国民経済の拡大にも寄与しています。サービス労働を集合したサービス業が民間営利企業として営まれれば、可変資本（v）を超える民間企業に価値形成（v＋m）から剰余価値m（利潤）が発生することは当然です。民間企業以外の非営利組織によって社会サービスが生まれる場合には、ときには可変資本（v）以下の支払い（v－△v）がなされたり、（M＋△v）の余剰部分が税金等として国や自治体が支出することがあると思います。

　サービス労働は、商業労働や金融労働などのような、価値を形成しないで利潤分配の一部を構成する不生産的労働とは異なり、運輸業のように直接に価値を形成します。サービス労働は繰り返しになりますが価値物とはなりませんが、価値形成により国民経済の拡大に大いに寄与するのです。

▶▶▶ 論点 23

> 医療や福祉サービスなどの社会サービス労働が価値形成するとなると、それは家庭内の介護・保育や家事労働などと違うのでしょうか。

解説 23

マルクスが『資本論』第1巻で述べているような「流動状態にある人間的労働力、すなわち人間的労働は、価値を形成するけれども、価値ではない。それは凝固状態において、対象的形態において、価値となる」（ME版23a巻87頁）といえます。このようにマルクスは明確に抽象的人間労働が価値を形成すると述べていますが、通説ではそれを無視して物質的労働による価値物のみを価値形成労働としています。

社会サービスも商品としてのサービス労働の一環である限り価値物にはならなくとも価値は形成します。しかし生産と同時に消費されるので、価値物になりません。それは家庭内の保育・介護のような非価値形成労働とも異なります。

繰り返しますが、社会サービスも生産即消費という形で価値形成は行うが価値物という凝固物をつくらず、生産と同時に消費されるので、一般の商品のような価値物にはなりません。いずれにしても、社会サービスは家庭内のサー

ビスと異なり、その提供には公的責任が伴いますが、いずれにせよ抽象的労働の側面で価値を形成します。

▶▶▶ 論点 24

『資本論』第1巻第1章等にあるように商品価値は社会的必要労働時間によって規定されますが、サービス労働（あるいは）社会サービスにおいても同様でしょうか。

解説 24

まったく同様です。商品の価値は『資本論』第1巻第1章では次のように規定されています。

「ある使用価値の価値量を規定するものは、ただ、社会的に必要な労働の量、すなわちその生産に社会的に必要な労働時間だけであることでは、一般にそれに値する種類の労働総量とみなされる」（『資本論』第1巻、ME版第23a巻153頁）。

この規定は当然のことながらサービスの価値量にもあてはまります。ただし『資本論』第1巻での規定は第3巻での資本の総過程としての市場における商品価値（市場価値）では必ずしもなく、商品見本における価値規定（価値）です。すなわち市場価格の重心となっている市場価値議論は第1巻ではなく第3巻ではじめて課題となります。

▶▶▶ **論点 25**

価値規定は、『資本論』第1巻の社会的必要労働時間で完結しているのでしょうか。『資本論』第3巻における市場価値との違いを述べて下さい。

解説 25

価値規定は、『資本論』第1巻の対象範囲にとどまりません。特に、第3巻の市場価値の規定が重要です。

周知のように、市場における諸資本競争によって平均利潤率（p）が決定されると、生産価格（=（費用価格C+V）×（1 + p））が市場価格の中軸となります。ただし、農産物などのように土地所有が絡むと、市場価格の中軸は、市場価値になり、生産価格とはなりません。

こうした状況は、農産物ばかりでなく、国家による諸規制で競争が制限されている社会サービスにも当てはまります。資本は通常、儲からない部門から儲かる部門へ移動しますが、それを妨ぐことができるため、生産価格ではなくいわゆる価値価格（市場価値）が価格変動の中軸となるわけです。

▶▶▶論点 26

市場価値の規定は、『資本論』第1巻の社会的必要労働
時間と同じであるのか、具体的に述べてください。

解説 26

　市場価値は市場に占める商品の必要量（Y）と関係し、
社会的必要労働量は『資本論』第1巻における商品見本と
してみた社会的必要労働時間（X）にとどまりません。そ
の（X）との積（XY）が総価値量（社会的必要労働総量）
となります。

　社会的必要労働にはミクロの規定（『資本論』第1巻）
とマクロの規定（『資本論』第3巻）があります。した
がって、過剰生産が恒常化する（Y ＋△ Y）と、その価値
総量は、表面上の X ×（Y ＋△ Y）ではなく、あくまで
XY なので、価値総量は社会的必要総労働として一定です。
したがって、XY ＝（X －△ X）×（Y ＋△ Y）となりま
す。例えば恐慌による価格破壊により、X が（X －△ X）
に低下して、価値総量が維持され、初めて価値法則が貫徹
することになります。ただし、これは市場における商品を
めぐる需要と供給の関係での市場価格の変動を長期的にみ
たものであることに注意を払ってください。これは、あく
まで需給一致の下での価値規定の問題なのです。市場にお
ける価値規定も全体としての価値法則の中で理解される必

要があります。

　マルクスは必要労働時間という価値規定に関して、『資本論』第3巻では次のように述べています。「必要労働時間はここではまた別の意味を含んでいる。…略…つまり、社会的労働〔総〕時間のうち、ただそれだけの分量が社会的の充足のために必要だということである」（『資本論』第3巻、ME版25b巻321頁）。

▶▶▶論点 27

国民経済的にみて、通説のように社会サービスが価値を
形成しないと仮定することは正しいのでしょうか。

解説 27

　誤っています。医療・介護・福祉などの社会サービスの
比重が第３次産業内でも増大し、重要な部門となっている
現実に目をつぶり、あくまで第１次及び第２次産業からの
価値移転であるという誤った前提により、社会サービスの
付加価値の増量が国民所得の増大に寄与するという歴史的
事実を否定する、非現実的で教条主義的な考え方なのでは
ないでしょうか。

　サービス労働、なかでも社会サービスを価値形成労働と
認めず、いわゆる物質的部門のみを価値形成労働とみるこ
とは時代錯誤であるばかりか、マルクスの労働の二重性を
ふまえていない理論的欠陥です。第３次産業に占める社会
サービスを生産部門（農業及び工業）からの価値移転で説
明することはマルクスも行っておらず、現状では価値移転
の量が大きすぎる結果となります。分かりやすくいえば縮
小する第１次産業と第２次産業で生み出された価値量を拡
大する第３次産業に価値移転することは物理的に不可能で
す。ただし、サービス労働も物質的部門を背景に展開でき
るので、今日の社会でもモノ離れ思想のように商品生産に

おける基礎である物質的部門を軽視してよいわけではあり
ません。

▶▶▶論点 28

> 　例えば民間企業が福祉サービス業を経営する場合に、その利潤（剰余価値）は他の商品生産と同様に労働時間拡大（絶対的剰余価値）によってなされるのでしょうか。

解説 28

　福祉サービス業においても、具体的有用労働の側面で、機器等の減価償却部分（c）の移転が行われ、抽象的人間労働の側面でv＋mの価値形成が行われます。つまり民間営利部門が賃金（v）を超えるmが剰余価値（利潤）になるわけで、付加価値（v＋m）に相当する労働時間が長いほどmは大きくなります。しかし一方で、労働時間は労働法規等によって一定水準に保たれるため、民間企業の福祉サービスにおいても、m（剰余価値）部分はきわめて制約されています。また、労働時間拡大以外に労働強化によっても利潤は生まれます。

　ただし、福祉サービスは社会サービスの一環として、プラスの収支差は重視しても、利潤を目的とする部門ではありません。ここではシルバーサービス業のような民間非営利を前提としていますが、そこではコストダウン競争による相対的剰余価値の形成の余地もあります。

公的福祉サービスにおいては、利用者負担（u）が１割負担と大幅に制約されており、必ずしも民間サービスのように利潤を生まないことがあるのではないでしょうか。

解説 29

　もちろん利潤を生まないこともあります。但し、市場ベースと異なり、公的福祉サービスには利用者負担の前提として、税または社会保障負担が投下資金（c＋v）をカバーしています。そこで例えば利用者負担（u）が可変資本（v）をカバーするだけであれば、v＋m の労働時間から生まれる m 部分は不等価交換（u＜v＋m）で、m は利用者の利得になります。他方、逆に u が可変資本 v を大きく超え、v＋m となると、利用者は本来支払わなくてもよい利潤部分（m）も払うことになり、サービス提供者は対価なしの m 部分を丸々取得することになります。

　実際の利用者負担は、あくまで charge（費用徴収）であり、c＋v（費用）を部分的に補完するもので、価値の対価（価値実現 c＋v＋m）ではありません。それは、応益負担の原則と応能負担の原則の請求の組み合せによって成り立っており、介護保険では、いわゆる１割負担の原則で賃金部分（v）をカバーする程度（u＜v）よりはるかに低く、対価では決してありません。

> 　福祉サービスにおいては、民間企業であれ、非営利団体であれ、価格競争は原則として禁止されており、いわゆる政策価格となっています。すなわち品質競争は当然のことながら存在し、コストダウン競争も見えざる競争として存在することになります。そのこととマルクスのいう相対的剰余価値（あるいは特別剰余価値）の関係はどうなりますか。

解説 30

　既にふれたように価格競争としての価値価格（$c + v + m$）のダウンによる剰余価値の利得はないことは誰もが理解していますが、たしかにコストダウン競争（$c + v$のダウン）は存在します。実質的に省エネ化、省力化、安全化などでc部分が若干増えても、v部分が直接的でない経理事務などの縮小によって大幅に削減され、（$v - \triangle v$）となることで、m部分は$m + \triangle v$へと拡大することになります。そこで結果として、福祉サービスに対する適切な利用者負担がなされれば、サービス提供主体には$\triangle v$だけ、プラスの利得が可能になります。しかし国の厳しい規制により、実現はきわめて制限されています。現在、介護サービスの不生産性がいろいろ議論されていますが、現代サービス全体に質的価値評価を一部加えなければ単純に量的価値に限られ、顧客満足度につながる付加価値量が評価されず、

生産性は上昇しません。質的価値評価が1〜2割あれば、生産性は1〜2割の増加になるのです。

　将来的には福祉サービスの量的評価だけでなく、質的評価を若干でも行えば顧客満足度を低コストで上昇させる生産性が実現できます。

第2部
社会保障の理論

序

　周知のように、マルクスには時代の制約で社会保障についての具体的論述はありません。しかし第1部でふれたマルクスの方法論を採用すれば、今日の社会保障研究の新たな地平も切り拓かれるのではないかと思います。

　私の恩師、故・隅谷三喜男先生（東京大学名誉教授）は、晩年次のように述べています。

　「国民経済循環の規模と、それに対する社会保障体系を念頭においた、社会保障の経済学の確立が当面のひとつの課題であろう」（隅谷三喜男編『社会保障の新しい理論を求めて』東京大学出版会、1991年、26頁）。

　この指摘は、私見によればマルクスの経済学的見地、いいかえれば「総過程の部分現象」あるいは社会システム的表現では「全体社会システムのサブシステム」としての社会保障の本質にせまるものです。私はこれを、従来の正統派マルクス経済学の限界を乗り越えたきわめて重要なものと考えます。

　第2部は、この隅谷先生の指摘をふまえて、社会保障の抽象的な規定から、より具体的な規定へといわば上向展開をすべく、第1章社会保障の定義、第2章社会保障の体系、第3章社会保障の機能、第4章社会保障の新たな課題へと順次、論述をすすめます。

本書の第1部と第2部には、理論的な乖離が相当あることは否めませんが、社会保障が20世紀の福祉国家による産物である限り、むしろ当然のことです。社会保障は資本主義のいわゆる原理論の世界ではなく、資本主義国家による社会政策の一環ですので、まず社会保障の概念を規定し、その体系を明らかにして、次いで国家経済に占める位置づけに論理を運ぶという方法はマルクスの経済学的方法にも合致しています。

　なお、私の社会市場（social market）論──社会的交換の場としての政策空間である非経済的市場の議論──は、本書ではあえて詳述を避けましたが、本部第4章でふれたように、社会保障は福祉国家における社会市場の中軸であるとだけは指摘しておきます。

第1章 社会保障の定義

▶▶▶論点1

社会保障の理論の必要性に関する今日的意義はどこにあるのでしょうか。

解説1

社会保障の理論化は、1990年代に入っても必ずしも十分なものではありませんでした。恩師隅谷三喜男先生が監修された『社会保障の新しい理論を求めて』（東京大学出版会、1991年）では、たしかな問題提起がなされましたが、その答えが必ずしも出されたとはいえません。そこで私ごとで恐縮ですが、2005年に社会保障・人口問題研究所の所長に就任した後、拙著『社会保障と日本経済』（慶應義塾大学出版会、2007年）及び『新しい社会保障の理論を求めて』（社会保険研究所、2008年）で私なりの社会保障の理論を提出しました。これは当時の小泉・竹中路線といわれた社会保障抑制論を理論的かつ実証的に論破することを目的としたもので、必ずしも理論体系的なものではありませんが、一応の回答となっていると思います。ご参照ください。

▶▶▶論点2

> 社会保障の概念は一般に、国家による国民の生活保障という意味に理解されていますが、それでよいのでしょうか。

解説2

1935年のアメリカ社会保障法（social security act）の成立に遡ってみると、国家の安全保障（national security）に対する社会全体の安全保障（social security）を意味しています。

そこでは社会防衛的な視点も見られますが、全体社会を揺がす経済危機（恐慌）や大災害などに対する国家による社会の安全保障（social security）であることは間違いありません。そのため、本書では省略しますが、詳しくはアメリカ社会保障法（1935）の成立史を調べて下さい。例えば梅澤昇平『現代福祉政策の形成過程』（中央法規出版、1998年）では福祉国家の2大安全保障として、(1) national security と(2) social security をあげています。それらを参照してください。

社会保障のセキュリティ（security）の意味はわかりましたが、わが国で通例となっている所得保障、医療保障、介護保障などの「保障」概念とはどういった違いがあるのでしょうか。

解説3

わが国の「保障」概念は多義的です。例えば所得保障は所得維持（income maintenance）、医療保障は医療ケア（medical care）、介護保障は介護サービス（long term care service）です。このように、わが国の「保障」は「維持」、「ケア」、「サービス」の意味をもっています。したがって、本来の社会保障概念のセキュリティ（安全保障）とはかなり変わっています。西欧諸国では、社会保障の概念に代わって、「社会保護（social protection）」や「社会サービス（social survices）」が対応します。したがって社会保障の本質を多様な意味合いの「保障」と区別して社会保障の理論化を行う必要があります。

社会保障の本質は社会政策と異なっているのでしょうか。内容的にはどのように定義できますか。

解説4

社会保障は社会政策の一環であり、国民の生活保障を行う給付制度です。

わが国でもっとも権威のあった定義は、社会保障制度審議会（会長＝大内兵衛）による昭和25年勧告（1950年）でした。

「（昭和25年勧告）いわゆる社会保障制度とは、(A)疾病、負傷、分娩、廃疾、死亡、老齢、失業、多子その他困窮の原因に対し、(B)保険的方法又は直接公の負担において保障の途を講じ、(C)生活困窮に陥った者に(D)国家扶助によって最低限度の生活を保障するとともに公衆衛生生活及び社会福祉の向上を図り、もって(E)すべての国民が文化的社会の成員するに値する生活を営むことができるようにすることをいうのである」((A)～(E)は引用者)。

この定義は必ずしも厳密ではありませんでしたが、その当時ではもっとも権威ある定義でした。(A)の原因に対し(B)という方法をとり、さらに(C)という対象には(D)という手段（公的扶助など）を与え、さらに、全体として(E)「すべての国民に文化的最低限度の生活を営むこと」を実現させる

という構図になっています。

　なお、社会保障制度を(1)社会保険、(2)公的扶助、(3)公衆衛生及び医療、(4)社会福祉の4分野から区分していますが、これは分野(3)、(4)と手段(1)、(2)を混同しているきらいがありました。しかも当時の時代状況を反映して、国家保護という性格が強く、今日のように自立支援と社会連帯の理念がまったく足りていなかったともいえます。ただし、社会政策のように労働者の生活を国家保護することのみならず、低所得労働者（working poor）や極貧者（pauper）などに対する社会保障による生活支援も国家の責任で行うことを内容としています。

　ちなみに、次なる社会保障制度審議会（会長＝隅谷三喜男）の『社会保障将来像委員会第1次報告』（1999年）では、社会保障の定義を「(A)国民の生活の安定が損なわれた場合、(B)国民に(C)すこやかで安心できる生活を保障することを目的として(D)公的責任で生活を支える給付を行うもの」（(A)～(D)は引用者）としています。「社会保障の本質」は国家による国民の生活保障としての社会給付なのです。

▶▶▶論点 5

> 　減税支出（tax expenditure）、ないし財政支出は社会保障
> に含まれますか。

解説 5

　含まれるべきです。課税される分野が非課税や軽減税率
によると、結果的には給付を与えたことと同じになります。
本来規定されるべき社会保障分野を非課税とする減税支出
は、広義の社会保障支出（OECD における社会支出）に
含まれます。したがって社会保障支出プラス減税支出が総
体としての社会保障支出（社会支出）となります。

　減税支出は必ずしも狭義の社会保障分野に限りませんが、
社会保障に限っても、アメリカをはじめとして減税支出の
部分は国家財政の 1 割以上に及ぶもので無視できない金額
になっています（参考文献として、N&B ギルバード『福
祉政策の未来』伊部英男監訳、中央法規出版、1999 年、
第 1 章参照）。

第2章　社会保障の体系

> 　社会保障の分野は、今日ではどのように分類されていますか。

解説 6

　社会保障は 20 世紀に大きく発展したもので、今日では(1)年金等（所得保障）、(2)医療、(3)福祉介護の 3 部門に分かれます。昭和 25 年勧告では分類と手段をやや混同するところもありましたが、(1)〜(3)を社会保険によるものと社会扶助によるもの（公的扶助も含めて主として税で対応するもの）に区分すると、次のようなマトリックスができます。

社会保障の分野と給付方法

方法 分野	社会扶助		社会保険
	公的扶助	その他	
所得保障	生活扶助	社会手当	年金保険
医療保障	医療扶助 （公衆衛生）	医療手当	医療保険
福祉介護	救護 その他扶助	保育 療育	介護保険

このマトリックスは社会保障の私のオリジナルな体系化で、従来はこのように分類されず、羅列主義に列挙していました。ちなみに、ILO分類では①高齢②遺族③障害④労災⑤保健医療⑥家族⑦失業⑧倒産⑨生活保護その他となっています。

　ちなみに、わが国の介護保険は旧来の社会扶助から社会保険への転換を意味します。将来において児童手当等の給付も、現在の社会扶助から社会保険（児童保険）に変わる可能性は少なくないと思われます。

> 　社会保障は社会保険（social insurance）か社会扶助（social assistance）のどちらかの手段によって給付を行いますが、給付は現金給付（benefit in cash）と現物給付（benefit in kind）の二つに分かれます。すると、その体系はどうなりますか。

解説 7

　社会保障の体系は、手段と給付のマトリックスになります。すなわち、下図のような分かりやすい体系になります。

　私は従来の社会扶助概念、つまり公的扶助以外の国による社会給付という狭義の概念を否定して公的扶助を含む国による社会給付（社会保険以外の給付）と捉えることで、社会保障の体系を(1)社会保険と(2)社会扶助に二大分類し、それにより社会保障の現状並びに課題を分かりやすく説明することができました。

　歴史的には、現代資本主義の発展により社会保険が主流

手段 給付	社会保険	社会扶助
現金給付	年金（保険）	公的扶助
現物支給	医療（保険） 介護（保険）	社会福祉（事業）

になり、社会扶助がその補完になってきました。また、現金給付も公的扶助から年金給付に比重が移り、全体として現物給付を大きく超えるようになりましたが、その後は医療保険や介護保険等の拡充によりやや比重を減らしていく傾向にあります。

　なお現物給付で、例えば給食などのサービスに関しては、単なる食糧の配給にとどまらず、安否の確認などを含めて生活支援サービス（サービス給付）の一環と捉えるべきものです。ここでいう現物とは、財貨などに限定されず、広くサービスを包含するものです。

第3章　社会保障の機能

▶▶▶論点8

　社会保障の果たす役割を社会のセーフティネットとする
通説で、はたして社会保障の体系を説明できるのでしょう
か。

解説8

　現在の日本のセーフティネットは、第1に年金（老後保
障）、第2に家賃補助などの低所得者への社会扶助、第3
に生活保護となっています。近年のコロナ禍では、第2の
役割が重視されています。

　しかしながら社会保障の経済的機能を社会のセーフティ
ネットのみで強調することは不充分です。サーカスの空中
ブランコなどで失敗した際に下にある安全網で危険を防止
するというような発想では、社会保障がもつ多様な機能
（特に内需拡大機能）を無視し、体制内在化された安全装
置としてみることが妨げられています。ここでは、社会保
障をビルドインされた国民経済のサブシステムとして捉え、
国民経済全体の関連の中で多様な機能が論じられる必要が
あります。次ページの図はそれを簡略に表したものです。
従来の社会保障理論はこうした全体像を欠いていたきらい

がありました。

　以上を簡単に説明しますと、国民経済は経済主体として
(1)行政（国及び地方）、(2)事業者（企業等）、(3)家計の3部
門から構成されており、各々が社会保障の財源、機構、給
付の3要因と経済的関係をもっています。社会保障を国民
経済の循環の中でとらえると、社会保障の役割（経済的諸

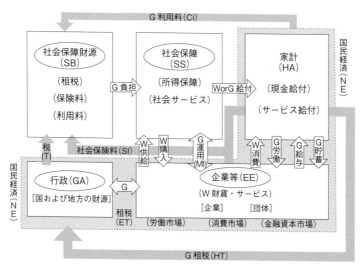

社会保障と経済の一般的関係（概念図）

注1：国および地方の経済活動は企業など（EE）に含まれ、また国家
公務員および地方公務員の納税、社会保険料などは家系のうちに区分し
ている。
注2：企業などの財貨・サービスには賃金運用（MI）など金融が含ま
れる。
注3：発展途上国においては社会保障財源にODE資金などが含まれる。
出典：拙著『社会保障と日本経済』（慶應義塾大学出版会、2007年）59
頁の図を修正。

機能）を次のように具体的に明らかにすることができます。

　第1に社会保障財源（BS）は、⑴行政部門（国及び地方）から税（T）として、⑵企業等の民間部門、⑶家計部門から社会保険料（SI）として、家計部門から利用者負担（Ci）として貨幣が投入され、それらの貨幣が給付を行う社会保障機構（SS）に吸収され、社会保障のコスト負担（burden）として支出されます。

　第2に、家計部門（HA）社会保障機構から社会保険給付（現金給付及び現物給付）を受け取り、一部分ですが、現物給付（社会サービス）の利用者負担（Ci）を支払うこともあります。

　第3に社会保障機構としては、一方で社会保障財源から貨幣を受け取り、他方で社会給付を家計部門に提供する役割を担いつつ、市場経済から社会サービスを形成する労働力を労働市場から、また財貨サービスの中間財・消費財を消費市場から購入し、時には近年のわが国のように金融資本市場で年金積立金の資金運用を図ります。

　こうして、次頁で述べるような社会保障の多様な機能が明らかとなります。

社会保障の経済的機能は、具体的にはどんなものがあり
ますか。

解説9

既にふれたように社会保障を国民経済の全体の循環の中
でとらえると、社会保障の諸機能はいろいろあります（次
ページの図参照）。

まず第1に、(a)生活安定機能と(b)労働力保全機能があり
ます。これらは老齢年金、生活保護などの所得保障による
ものが主ですが、税制とはやや次元が異なり、高所得者か
ら低所得者への社会保険料の負担軽減による(c)所得再分配
機能の一部分をもちます。

第2に、国民経済には、(d)雇用創出機能や(e)生産誘発機
能をもち、内需拡大にも寄与します。また、年金積立金に
より(f)資金循環機能も国民経済のみならず、国際的な国債、
株券などの売買で国際経済にも刺激を与えます。

いずれにせよ、社会保障は市場経済におけるヒト、モノ、
カネを通じた総需要拡大（(d)(e)(f)）を活発にする機能もも
つといえます。

以上の社会保障の経済的機能の見方は、私が初めて提起
したものですが、他に代わる理論は現在のところありませ
ん。いずれにせよ、社会保障を社会のセーフティネットと

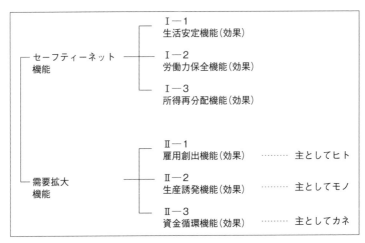

```
                        ┌─── Ⅰ─1
                        │    生活安定機能（効果）
        ┌─ セーフティーネット ───┼─── Ⅰ─2
        │  機能                  │    労働力保全機能（効果）
        │                        └─── Ⅰ─3
        │                             所得再分配機能（効果）
        │
        │                        ┌─── Ⅱ─1
        │                        │    雇用創出機能（効果） ……… 主としてヒト
        └─ 需要拡大 ──────────┼─── Ⅱ─2
           機能                  │    生産誘発機能（効果） ……… 主としてモノ
                                 └─── Ⅱ─3
                                      資金循環機能（効果） ……… 主としてカネ
```

出典：拙著『新しい社会保障の理論を求めて』（社会保険研究所、2008年）49 頁の図を修正

してのみ一面的に捉える見解は、国民経済との多様な関わりを軽視するもので、今後の社会保障の役割のうちマイナスの影響を緩和することを一面的に強調するものといえます。

▶▶▶論点 10

> 　社会保障による国民経済の総需要拡大に関しては、いわゆる産業連関分析が有効なのでしょうか。

解説 10

　産業連関は主として工業を中心とする産業間の連関分析により、国民経済の総需要拡大効果などを実証的に探るものです。したがって、年金や社会手当や生活保護のような現金給付（benefit in cash）の経済効果は分析できません。

　一方、医療・介護・福祉などの社会サービスの総需要拡大に寄与する効果に関しては、実証的に有効なものといえます。私の厚生省社会局社会福祉専門官時代（1984 ～ 1987 年）及び厚生労働省国立社会保障・人口問題研究所所長時代（2005 ～ 2010 年）には、社会保障の経済効果が分析しやすいように産業分類の改善が行われました。

　それによると、土木事業と比べても、医療部門は生産誘発効果が大きく、特に介護部門は雇用創出効果が最大で、全体として国民経済の成長に寄与していることがわかります。また、労働者がその所得で消費を拡大した波及効果を含めて総波及がどのくらいかをみる係数（拡大総波及係数）——ケインズの乗数効果に酷似したもの——が全産業部門のすべて（平均 4.07）を凌駕しています。

▶▶▶論点11

> 　近年あまり聞かれなくなりましたが、国民負担率〔＝（税
> ＋社会保障費）÷国民所得〕が欧米諸国と比べて大きくな
> らないようにと、これを抑制する財政政策がとられたこと
> がありました。この国民負担率についてどのように考えま
> すか。

解説11

　国民負担率は、わが国の財政当局が発案したもので、欧
米諸国では聞かれません。社会支出率は存在します。この
概念は、あたかも社会保障費が国民経済を負担面で圧迫す
るようなイメージを増幅するものです。

　問題は、社会保障費の中には、年金費や生活保護費のよ
うな、高齢者や低所得者の所得に還元する部分が入ってお
り、それは単なる支出ではなく国民の収入ともなることで
す。それを（税負担＋社会保障費）－所得還元額を国民
所得で割ると、実質的国民負担率〔＝（税負担＋社会保障
費－所得還元額）÷国民所得〕となり、それは先進各国と
もに大差がありません。ちなみに国民負担率に近似する社
会支出率はスウェーデン（31.86）からアメリカ（16.59）
と幅がありますが、実質的国民負担率に相当する実質的社
会支出率はフランス（9.51）から日本（6.46）と大差はあ
りません。

　年金が成熟化すると、年金受給者の割合が増大し、実質

的国民所得は中位安定化となります。したがって、国民負担率の抑制を金科玉条として社会保障の自然増を抑制することは、政策的誤りです（拙著『社会保障と日本経済』慶應義塾大学出版会、2007年、第11章・第15章も参照のこと）。

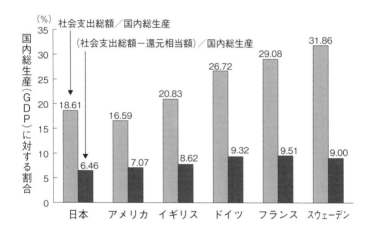

社会支出総額の国内総生産（GDP）に対する割合の国際比較（2003年）

注：還元相当額は社会支出額（公的＋義務化されている社会的支出）からの推定値。
出典：OECD SOCX 2005、日本の国内総生産は内閣府（2006）『平成18年度国民経済計算年報』に基づく。

　社会保障財源において、老齢年金の2分1を国庫負担すると、保険料を増額する必要性が必ずしもないとして強調されていますが、これは本当でしょうか。

解説 12

　そもそも、年金は一部の国庫負担があったとしても原則的に企業と労働者の社会保険料を財源とするべきで、スウェーデンの例のごとく低年金者が生活保護者よりも所得が低い場合に追加国費を投入するのが当然です。それをわが国ではポピュラリズムに則って、国庫負担を3分の1から2分の1へ誤って引き上げてしまいました。これは基礎年金の確立のためには国庫負担が不可欠であると考えられていて、当初は3分の1、次に2分の1に引き上げられたものでしたが、年金保険に社会扶助の要素を拡大する結果となりました。国家財政の負担が厳しくなることが避けられず、本来の社会保険の性格からはずれるものとなりました。

　それはさておいても、超高齢社会で高齢者の平均余命が増大するに際して、現役労働者期と年金生活期の比重を考慮して、「長寿スライド方式」（京極髙宣）により保険料支払い期間を延長して国と企業と勤労者が痛みを分かちあい（いわば三方一両損）、将来的には75歳まで働き、社会保険料を負担していかねばなりません。

▶▶▶ **論点 13**

年金、賃金、生活保護の水準関係に関してはどのような
整理が必要ですか。

解説 13

いわゆる、年金のウェイジストップ（wage stop 賃金以
下制限）により、平均的にみれば年金（P）は賃金（W）
より多少低くなる（約7〜8割）のが妥当です。

問題は生活保護費（A）です。原則としては、年金（P）
より低いのが当然ですが、わが国のように扶養家族のいる
保護費（A）はかなり高くなる傾向にあります。そうした
場合に限って、スウェーデンのようにその差を国庫から補
填してあげる必要があります。わが国の社会保障は、個々
バラバラに、分野別で成立したので、相互関連が必ずしも
とれておらず、矛盾が顕著となる場面もあります。

個々には例外がありますが、原則としてW＞P＞Aと
なるような政策原理を打ち立てるべきです。

▶▶▶**論点 14**

　社会サービスに対する利用者の負担機能について具体的に述べてください。

　　解説 14

　利用者負担は社会サービスの対価に払う費用の一部負担（費用徴収）にすぎません。この機能は社会経済学的に分析すると、以下のようになります。

　利用者負担は、⑴財源確保、⑵需要調整、⑶フリーライダー（只乗）防止、⑷シンボル効果（利用権保障）、⑸呼び水効果の機能をもちます。特に⑷はミーンズ・テスト（資力調査）によるスティグマ（汚名）を妨ぎ、一定の利用者負担で、正々堂々と利用しやすくする効果が知られています。西欧諸国では、社会サービスの利用者にミーンズ・テストを課することに抵抗があり、なぜわずかの給付を受けるためにプライバシー侵害を条件としたサービスを使用しなければならないのかと疑問がもたれています。わが国でも同様だと思います。また、⑸は私の造語ですが、例えば障害者政策において合理的配慮が図られ、一定の負担（１割負担）をすることで、財政負担の国民的理解が得られやすくなります。

　いずれにしても、利用者負担を必要悪とみて、財務軽減や利用制限としての機能のみを重視することは一面的です

（拙著『福祉サービスの利用者負担』中央法規出版、2009
年参照）。

▶▶▶ **論点 15**

> 　社会保障の拡大は、その負担が国民経済に重くのしかかり、経済発展を抑制するのではないでしょうか。

解説 15

　社会保障への負担が国民経済の足を引っ張っているという見解は時代遅れの発想です。既にみてきたように、社会保障の機能（先の論点 10 ⑷⑸⑹）は国民経済を成長させる要因ともなるものです。

　世界経済においては、19 世紀から 20 世紀前半の経済恐慌はその後起こっていませんが、それは、先進諸外国における福祉国家の社会保障費の増大が各国の内需拡大に寄与し、その発現を妨げているのも一因となっているのではないかといわれています。もちろん、軍需拡大もそうした機能を部分的に持ちますが、恐慌以上に忌まわしい戦争の危機と国民の生活苦を醸成します。ちなみに社会保障の拡大総波及係数（いわゆる産業連関効果）は産業部門の平均（4.07）を上回り、その経済効果、特に医療（4.89）は土木事業を僅かに上まわっています（拙著『社会保障と日本経済』慶應義塾大学出版会、2007 年、第 11 章参照）。ちなみに、こうした産業連関分析を社会保障領域に適応したのは、私が本邦最初です。

第4章　社会保障の新たな課題

　社会保障は国家による公的責任の下で運営されています
が、今後は地方分権化にあわせて民間活力の導入を図る必
要があるのではないでしょうか。

解説16

　社会保障のうち社会サービス分野は、中央集権的な公設
公営だけではなく、地方分権化を図り、できる限り民営化
など民間活力を導入して運営される必要があります。ちな
みに、介護保険においては、株式会社等の営利企業もサー
ビスの担い手に参加しているほか、協同組合やNPO法人
やボランティア団体などの市民参加の力も貢献しています。
こうした傾向は、今後も大いに促進させる必要があります。
それにより、社会サービスの効率化、質的向上と使いやす
さの向上が可能となり、国民経済の活性化にも寄与します。

▶▶▶**論点 17**

　社会保障がその役割を十全に発揮するには、地域社会の
活性化が不可欠なのではないでしょうか。

　解説 17

　社会保障は、地域社会の中から個人や家族を個別にとり
上げて社会給付を行いますので、地域社会そのものを放置
したままでは、いわば非福祉化させたり、あるいは制度間
の谷間にある課題を残留させたままとなる傾向は否めませ
ん。そこで、地域社会における住民の互助と活動で活性化
させたり、いわゆる社会関係資本（social capital）──社
会的絆を強化する資本──を増殖させることも重要です。
近年、地域共生社会が新たな社会福祉の政策目標になって
いるように、社会保障の量的拡大にのみ拘泥するのでなく、
その基盤である地域社会のいわば福祉力を補完したり、増
強するための地域政策が必要です。例えば生活保障にして
も、その金額の総量は変わらずとも、地域のソーシャル
キャピタルが大きければ大きいほど生活保障による貧困者
の生活は豊かになり、同じ金額でも、その給付効果は大き
く異なります。

▶▶▶ **論点 18**

> 社会保障の量的拡大、例えば年金の拡充、医療分野の充実などには財政規律が厳しく限界がありますが、質的向上の側面ではどうでしょうか。

解説 18

生活の量に対して QOL 生活の質（quality of life）が重視されているように、国民生活を支える社会保障にも量と質の両面があります。

社会保障の質は、私の発想ですが、①縦割りの社会保障制度間の連携、②社会保障を支える人材の質的向上（human capital の重視）③一定の所得維持を超える健康生きがいの保障などによって規定されます。厳密な定義は今後の課題です。特に、高齢者に対する社会保障は年金の拡充や医療介護の充実にとどまらない「健康生きがい権」（老人福祉法第2条に基づく新たな人数）が実現されるよう、公私の活動が不可欠です。社会保障の質の追求は社会保障の量的拡大と異なり、限界が必ずしもなく、究極の改善目標となります。

▶▶▶論点 19

> 　納税の義務は国民周知ですが、今日のような社会保障の進展の中で、社会保障に対する国民の義務はあまり強調されていません。

解説 19

　社会保障は、国の公的責任を追及するばかりでなく、社会保険料の納付義務などを含めて国民自らの責務が位置づけられなければなりません。これからの社会保障を支えていくにあたっては、まさに自立支援と社会連帯の国民的理解が求められます。学校教育や家庭教育、社会教育での新たな課題です。社会保障の発展のために、国の責任を追及するだけでなく、国民の責務についても強調する必要があります。

今後、社会保障研究を学問的に深化させていくには、これまでのような経済学中心のアプローチで十分なのでしょうか。

解説 20

　まったく不十分です。例えばマルクス経済学においてもその視点は重要視されるべきですが、学問対象となる社会保障が制度化される以前の 19 世紀末までは、マルクスの指摘そのものはほとんどなくあまり参考になりません。また近年の新古典派的総合と呼ばれている近代経済学においても、個々の実績、例えば有効需要、ジニ係数、労働経済分析なども参考となりますが、やはり不十分です。社会保障の全体構造（次ページの図参照）が政治学的、経済学的、社会学的な側面をもつ限り、方法論的には、それに則った学際的研究が不可欠です。

　また、経済学に加えて社会学、政治学、社会システム論なども採用して、学術的研究をする必要があります。その際、J. ルグランらの準市場論（quasi-market）やティトマスの社会市場論（social market）などの視点を生かしてみることも重要です。私は後者については敬友、故・金子能宏氏（元国立社人研究部長、元日社大教授）と共に『社会保障と社会市場論』（社会保険研究所、2010 年）を上梓

しましたが、ぜひ参考資料の一つにお加えくだされば幸い
です。

　ちなみに下図は福祉国家による社会保障の給付と市民の
福祉ニーズ充足が社会的交換される場として、社会市場が
位置づけられていることを表したものです。今日では、前
近代社会のように互酬性による社会的交換などと異なり、
経済市場に対抗しうるのは社会保障による社会給付が中心
となっています。それに企業を中心とする経済市場が隣接
し、加えて市民の間の相互扶助や地域社会の支えなどの社
会交換の場（狭義の社会市場）が関わっていることを示し
ています。なお政治家と有権者との関係も政治市場の一環
と捉え、政治家の票や資金の要求に対する有権者の有利な

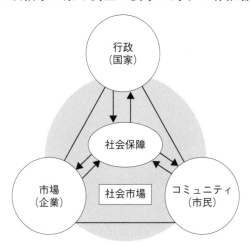

出典：拙著『新しい社会保障の理論を求めて』（社会保険研究所、2008
年）を一部修正。

得票の要求を財政的支援とみています。

　社会保障の全体像はこうした関連図の中で把握することができますので、学問的方法もそれを視野に入れ、社会保障の政策（政治学）、財政（経済学）、効果（社会学）などといった学際的なものにならざるをえません。E.P. アンデルセンは私のいう社会保障の位置に福祉トリアーデ（国家・市場・家族の三角関係）を置き、コミュニティを家族と捉え、福祉国家の類型を論じています。これらに関しては、拙著『社会保障と日本経済』（慶應義塾大学出版会、2007 年）及び拙稿「アンデルセンの福祉国家論と家族政策論について」（エスピン・アンデルセン『アンデルセン、福祉を語る』林昌宏訳、NTT 出版、2008 年）を、また社会保障と経済の関係を総括的に論じたものとしては、宮島洋・西村周三・京極髙宣編『社会保障と経済（全 3 巻）』（東京大学出版会）をご参照ください。

あとがき

　本書の第1部は、まえがきで示唆したように、拙書『わが青春のマルクス主義』（花伝社、2019年）の続編として企画された。しかし皆様ご周知のように、社会保障に関してはマルクスはもちろん、エンゲルスについても、当時は福祉国家が誕生しておらず、社会政策もごく部分的にしか存在しなかったことから、『資本論』の方法はともかくその論述はまったく参考にならない。また『資本論』の論点も、マルクス経済学批判体系が未完成であったことから多岐にわたり、それを絞るには私の研究対象である社会保障との関連を意識したものにせざるを得なかった。そのうえで、かつての学友である川上則道、宮川彰両氏のアドバイスに感謝したい。

　いずれにせよ、わが国の社会保障研究においては、「理論の貧困」が叫ばれ、1990年代に入っても、個別研究の積み重ねはあっても、社会保障の理論はまったく未開拓であった。そこで、私のオリジナルな研究に基づくものを本書第2部とした。

　私が、拙書『社会保障と日本経済』（慶應義塾大学出版会、2007年）及び『新しい社会保障の理論を求めて』（社会保険研究所、2008年）を上梓した際、これは政策的には話題となり、小泉・竹下路線の社会保障抑制論を論破す

るものとして注目を浴びたものの、その社会保障理論は学界、マスコミ界、官界では話題とされず、無視された存在だった。そこで本書を先の前二著に加えて、いわば三部作として京極社会保障論の全体像を、不十分なところを承知の上で読者の皆様にあらめて提供する次第である。

　経済学研究者から社会福祉学研究者へ、さらに社会保障研究者へとドン・キホーテ的な猪突猛進というのか、あるいは暴虎馮河の勢いで研究人生を駆け抜けてきた小生の、ささやかな記録を忘れずにいただければ望外の幸せである。また近い将来において、多くの心ある研究者の学際的協力によって国際的にも胸をはれる新しい社会保障理論が誕生することを祈念する次第である。

　なお、最後に本書の刊行を許していただいた花伝社の平田勝社長及び大澤茉実氏をはじめとする優秀な編集スタッフに、また私設助手の田辺義和氏の協力に、深甚の謝意を申し上げたい。

京極髙宣（きょうごく・たかのぶ）
東京大学大学院経済学研究科博士課程経済学専攻修了。

1995年4月　　日本社会事業大学学長（〜2005年3月）
　　　　　　　日本社会事業大学名誉教授（現在に至る）
2005年4月　　国立社会保障・人口問題研究所所長（〜2010年3月）
2008年8月　　全国社会福祉協議会中央福祉学院学院長（〜2017年6月）
2010年4月　　国立社会保障・人口問題研究所名誉所長（現在に至る）
2021年7月　　社会福祉法人浴風会名誉理事長（現在に至る）

主な著作に、『京極高宣著作集（全10巻）』（中央法規出版、2002‒2003年）、『社会保障と日本経済——社会市場の理論と実証』（慶應義塾大学出版会、2007年）、『福祉レジームの転換——社会福祉改革試論』（中央法規出版、2013年）、『福祉書を読む』（ドメス出版、2014年）、『糸賀一雄の思想と生涯』（ミネルヴァ書房、2014年）、『福祉法人の経営戦略』（中央法規出版、2017年）、『社会福祉学の再構築——古川孝順氏の「京極社会福祉学」批判に答える』（ミネルヴァ書房、2020年）、『わが青春のマルクス主義』（花伝社、2019年）など。

社会保障と『資本論』——新しい理論構築のための50問50答

2023年3月5日　　初版第1刷発行

著者 —— 京極髙宣
発行者 —— 平田　勝
発行 —— 花伝社
発売 —— 共栄書房
〒101-0065　東京都千代田区西神田2-5-11出版輸送ビル2F
電話　　　　03-3263-3813
FAX　　　　03-3239-8272
E-mail　　　info@kadensha.net
URL　　　　http://www.kadensha.net
振替 —— 00140-6-59661
装幀 —— 佐々木正見
印刷・製本— 中央精版印刷株式会社